Gewidmet meiner Frau

Magdalena

SALZBURG

OSKAR ANRATHER

© 2008 Colorama Verlagsgesellschaft mbH
5020 Salzburg | Vogelweiderstraße 116
Telefon +43 (0) 662 84 08 99 - 0 | Fax +43 (0) 662 84 08 99 - 44
office@colorama.at | www.colorama.at
Alle Rechte vorbehalten

Alle Bilder © Oskar Anrather
Texte, grafische und inhaltliche Gestaltung, Scans und Bildbearbeitung: Bernhard Helminger
Lektorat: Anne Nordmann
Umschlaggestaltung: Reinhard Tripp
Printed by Colordruck Salzburg

Für die Mithilfe an diesem Werk danken wir: Markus Schaber, Gordon Feil, Mag. Dr. Sabine Veits-Falk (Stadtarchiv Salzburg)
ISBN-13: 978-3-901988-95-0

INHALTSVERZEICHNIS

Impressum 4
Über dieses Buch 6
Oskar Anrather 7

8 ... Kapitel 1: Stadtansichten

Kapitel 2: Kirchen, Klöster und Paläste ... 26

54 ... Kapitel 3: Altstadtspaziergang

Kapitel 4: Salzburger Festspiele ... 82

96 ... Kapitel 5: Stadtmenschen

ÜBER DIESES BUCH

Obwohl bereits im Ruhestand, startete der Fotograf Oskar Anrather vor etwa zehn Jahren noch einmal voll durch. So entstanden die meisten Aufnahmen des vorliegenden Bildbands zu einer Zeit, in der sich die Stadt Salzburg gerade einer Frischzellenkur unterzog: Altstadthäuser wurden saniert, Fassaden erneuert und vom Dom über die Kollegienkirche bis hin zur Festung Hohensalzburg erstrahlte alles in neuem Glanz. Die Salzach bekam neue Stege und Brücken, das Haus für Mozart wurde eingeweiht und am Mönchsberg wich das traditionsreiche Café Winkler dem Museum der Moderne. Die so aufpolierte Stadt wurde von Oskar Anrather in allen Facetten dokumentiert.

Rund 100.000 Bilder hat Oskar Anrather in einem Zimmer im zweiten Stock seines Wohnhauses in Salzburg archiviert. Auf etwa 15 Quadratmetern lagert das Schaffen aus vier Jahrzehnten im Klein-, Mittel- oder Großformat, in Schwarz-Weiss oder in Farbe.

Ein halbes Jahr lang war ich mit der Sichtung und Auswahl des Bildmaterials beschäftigt, wobei mir Oskar Anrather immer wieder über die Schulter schaute. Die vergangenen Monate haben uns näher gebracht. Seinen zufriedenen Blick bei der Durchsicht der Andrucke für diesen Bildband werte ich als Zeichen dafür, dass er sein in mich gesetztes Vertrauen gerechtfertigt sieht.

Mit Ausnahme einiger Innenaufnahmen, für die aus technischen Gründen eine Balgenkamera verwendet wurde, sind alle Bilder mit der legendären Hasselblad im Mittelformat fotografiert worden. Salzburg bildet fraglos das Hauptthema des Buchs. Doch jenseits der nicht fehlen dürfenden 'Postkartenansichten' der Stadt kommt auch der Fotokünstler Oskar Anrather zu Wort, der sich einen Blick für Details, wie etwa den Startversuch eines Schwans im Hellbrunner Park (Bild oben) bewahrt hat.

Bernhard Helminger, Salzburg, im März 2008

OSKAR ANRATHER

Oskar Anrather wurde 1932 in Meran/Südtirol geboren und siedelte 1939 mit seinen Eltern nach Salzburg über, wo er im väterlichen Betrieb das Schneiderhandwerk erlernte. Schon in Jugendjahren entwickelte sich seine Leidenschaft für die Fotografie, dennoch dauerte es bis in die Mitte der 1960er Jahre, ehe Oskar Anrather entdeckt wurde: Durch einen Amateurwettbewerb wurde das „Leica-Magazin" auf die Arbeiten des Salzburger Hobbyfotografen aufmerksam. Als erster Amateur wurde er 1967 mit dem Titel „Meister der Leica" ausgezeichnet.

Weiter gefördert wurde Oskar Anrather durch Gandolf Buschbeck, Intendant am Salzburger Landestheater von 1967 bis 1974: Durch Zufall hatte dieser das Bild einer „Jedermann"-Aufführung gesehen und engagierte den Fotografen vom Fleck weg. Die Zusammenarbeit mit dem Landestheater dauerte zwei Jahrzehnte und öffnete die Türen vieler Kulturinstitutionen, nicht zuletzt auch jene der Salzburger Festspiele.

Erst 1969 verließ Oskar Anrather den elterlichen Betrieb, um seine Leidenschaft zum Beruf zu machen. Er nahm eine Stelle als Fotograf am Institut für Kunstgeschichte der Universität Salzburg an, die er bis zu seiner Pensionierung fast drei Jahrzehnte ausübte. Nebenher arbeitete Anrather als Pressefotograf für unterschiedliche Tageszeitungen und machte sich als Bildautor zahlreicher Publikationen einen Namen. Dank seiner fotografischen Perfektion und seinem Gefühl für Bildkomposition und Lichtstimmungen wird Oskar Anrather gerne als „Altmeister" oder auch als „Doyen der Salzburger Pressefotografen" („Salzburger Nachrichten") bezeichnet.

Mitte der 1990er Jahre entwickelte sich eine Zusammenarbeit mit dem Colorama Verlag, die zu einer Reihe von Salzburg-Kalendern führte und ihren Höhepunkt nun in vorliegendem Bildband findet.

Eine Auflistung der wichtigsten Bücher Oskar Anrathers:

Bibliografie (Auszug): Eberhard Zwink: „900 Jahre Festung Hohensalzburg" (1977); Dopsch/Spatzenegger: „Geschichte Salzburgs" (1981–88); Monika Oberhammer: „Sommervillen im Salzkammergut" (1982); Wiltrud Topic-Nersmann: „Der Faltstuhl vom Nonnberg" (1985); Wend von Kalnein: „Schloss Anif" (1988); Werner Thuswaldner: „Salzburg" (Tyrolia-Verlag Innsbruck, 1989); Günter Brucher: „Gotik in Österreich" (1990); Brugger/Kramml/Dopsch: „Die Geschichte Berchtesgadens" (1991); Bildband „Salzburg" (Residenz Verlag, 1994); Weidenholzer/Müller: „Salzburgs alte und neue Brücken über die Salzach" (2001); Hans Mairhofer-Irrsee: „Bauernerbe" (2004).

In der Welt des Oskar Anrather urteilt das Diapositiv – auf den Leuchttisch gelegt und unter der Lupe betrachtet – als einziges Kriterium über die Qualität einer Aufnahme. Nie würde sich der Meisterfotograf, so wie heute, im Zeitalter der digitalen Fotografie, auf ein Computerprogramm verlassen, nie würde er etwas retuschieren, nachbelichten oder einkopieren lassen. Motiv, Belichtung, Schärfe, Licht- und Wolkenstimmung, alles muss perfekt sein und wenn nicht, dann landet die Aufnahme im Papierkorb und wird bei nächster Gelegenheit wiederholt.

10/11: Salzburg von seiner Zuckerseite: Vom Möchnsberg.
12/13: Blick über die Salzach auf die Altstadt, einmal mit altem (links) und ein Mal mit dem neuem, im Jahr 2001 errichteten Makartsteg (rechts).
14: Feuerwerk, aufgenommen von der berühmten Steinterrasse.
15: Der atemberaubende Ausblick von den Amtsräumen des Salzburger Bürgermeisters im Schloss Mirabell.
16/17: Festung Hohensalzburg von Nordosten (links) und Süden.
18/19: Die weltberühmte „Skyline" Salzburgs.
20/21: Die Altstadt im warmen Herbstlicht (links) und an einem kalten Wintertag (rechts).
22: Wolkenstimmung, von Maria Plain aus aufgenommen.
23: Minus zwanzig Grad Celsius: Der kälteste Tag des Jahres.
24/25: Wer von einem der Stadtberge nach unten blickt, sieht entweder die eindrucksvolle Altstadt (links, Blick von der Festung) oder ein Nebelmeer (rechts, Blick vom Gaisberg).

KAPITEL 1:

STADTANSICHTEN

27 Jahre lang war Oskar Anrather als Fotograf am Institut für Kunstgeschichte der Universität Salzburg tätig und widmete sich ganz besonders den Kirchen, Klöstern und Palästen der Mozartstadt. An den Fassaden- und Innenaufnahmen zeigt sich die technische Perfektion des Fotografen: „Stürzende Linien" werden mit einer Balgenkamera entzerrt, das Fotografieren in der Früh oder am Abend sorgt für wunderbar warmes Licht und dort, wo die Sonne nicht hinkommt, wird mit Scheinwerfern nachgeholfen. Die Bildschärfe dieser großen Diapositve ist bis heute nicht zu überbieten.

Der Salzburger Dom:
28: Eine der vier Statuen neben den Domportalen: Der Hl. Petrus (1697/98).
29: Die Domfassade kurz nach ihrer Renovierung im Jahr 2000.
30: Blick in die eindrucksvolle Domkirche zum Altar.
31: Das eindrucksvolle Langhaus und die fünf Domorgeln.
32: Das Konferenzzimmer der Alten Residenz.
33: Blick über den Residenzplatz zur Fassade der Alten Residenz, im Vordergrund der Residenzbrunnen.
34/35: Der barocke Zwiebelturm der Stiftskirche St. Peter, deren Kern zwischen 1125 und 1143 erbaut wurde.
36: Im Inneren der imposanten Stiftskirche.
37: Die Arkadengräber am Petersfriedhof wurden 1626 geschaffen. Viele Jahrhunderte älter sind die darüber liegenden Katakomben.

KAPITEL 2:
KIRCHEN, KLÖSTER UND PALÄSTE

Stift St. Peter

38: Schmiedeisernes Eingangstor zum Petersfriedhof (rechts); Altar der 1178 geweihten Getraudenkapelle (unten); Priester (unten rechts).

39: Der Abendhimmel über dem Petersfriedhof.

40: Auf Gotik und Barock stösst man in der Franziskanerkirche: Den Barockaltar schuf Johann Bernhard Fischer von Erlach (links) anstelle eines gotischen Vorgängers Michael Pachers, von dem heute nur noch die Statue der Madonna (rechts) zu sehen ist.

41: Die gotische Pachermadonna in der Franziskanerkirche ist einer der bedeutendsten Kunstschätze Salzburgs.

42/43: Die Kollegienkirche ist ein weiteres Meisterwerk Fischer von Erlachs.

44: Das Kapuzinerkloster auf dem gleichnamigen Berg.

45: Der markante rote Zwiebelturm der Stiftskirche auf dem Nonnberg.

Wallfahrtsort Maria Plain
46: Kreuzweg (rechts), Linde (unten) und Zisterne (rechts unten).
47: Die Wallfahrtskirche wurde 1671 bis 1674 von Giovanni Antonio Dario erbaut.

Die Schlösser Hellbrunn und Leopoldskron:

48: Die Hellbrunner Wasserspiele unterhalten ihr Publikum seit dem frühen 17. Jahrhundert.

49: Das Schlossgebäude wurde von 1613 bis 1615 von Santino Solari als „villa suburbana" für seinen Erzbischof Markus Sittikus errichtet.

50/51: Winter und Sommer im eindrucksvollen Hellbrunner Schlosspark.

52/53: Zwischen 1736 und 1740 wurde Schloss Leopoldskron erbaut.

Einige Motive werden Oskar Anrather wohl Zeit seines Lebens nicht loslassen, dazu gehören etwa das Stift St. Peter, der Mirabellgarten, die Getreidegasse oder der Residenzbrunnen. Es scheint keine Tages- oder Jahreszeit, keinen Blickwinkel und keine Wetterstimmung zu geben, die er noch nicht ausprobiert und auf Film gebannt hat. Auch wenn ihm schon viele meisterliche Aufnahmen gelungen sind, Bilder, die man nicht besser machen kann, so kehrt er trotzdem immer und immer wieder an dieselben Plätze zurück, um den perfekten Moment zu suchen und ihn mit der Kamera einzufangen.

56/57: Ein besonders malerischer Platz ist der große Burghof auf der Festung Hohensalzburg. Hier befindet sich eine alte Linde und die 1539 erbaute Lang-Zisterne.
58/59: Die großen Altstadtplätze rund um den Dom: Mozartplatz mit Denkmal (links, Blick Richtung Residenzplatz) und der Kapitelplatz mit Schachbrett und moderner Kunst (rechts).

KAPITEL 3:

ALTSTADTSPAZIERGANG

Residenzbrunnen

60 bis 63: Die zwischen 1656 und 1661 errichtete Brunnenanlage wird Tommaso di Garona zugeschrieben und ist ohne Zweifel eines der Lieblingsmotive Oskar Anrathers.

64/65: Die Zunftschilder der Getreidegasse haben ihren Ursprung im Mittelalter.

66: Einem abendlichen Spaziergang auf dem Mönchsberg entsprang diese Ansicht der Getreidegasse aus der Vogelperspektive.

67: Die Roittner-Passage: Einer der vielen romantischen Innenhöfe links und rechts der Getreidegasse.

68/69: Mozarts Geburtshaus: Hier erblickte der genius loci am 27. Jänner 1756 das Licht der Welt.

Altstadtspaziergang

70: *Auch Salzburg hat dunkle Ecken: Herrengasse (oben); Ritzerbogen (links); Steingasse (unten rechts).*

71: *Das Café Tomaselli ist in Salzburg ebenso eine Institution wie der Hund der Besitzerin.*

72/73: *Fiaker zu sein ist im Winter keine Freude; im Sommer dafür umso mehr.*

74: *Schloss Mirabell mit einer der 1690 von Octavio Mosto geschaffenen Skulpturen im Vordergrund.*

75: *Ein erster Frühlingsbote: Magnolienblüte im Mirabellgarten.*

76/77: *Farbenpracht und spannende Blickwinkel im Mirabellgarten.*

78/79: *Die Salzburger Stadtberge: Kapuzinerberg (links, mit Mozart-Büste) und Mönchsberg (rechts).*

Adventszeit in Salzburg:
80: Sigmund-Haffner-Gasse (links); Residenzplatz (unten); Christkindlmarkt (rechts unten).
81: Der Salzburger Christkindlmarkt.

Oskar Anrathers Bilder von den Salzburger Festspielen nehmen einen mannshohen Schrank in seinem Archiv ein und kein Thema findet man so oft wie die allsommerlichen „Jedermann"-Produktionen auf dem Domplatz. Mehr als 40 Jahre hat Oskar Anrather die Pressevorstellungen des „Jedermann" fotografiert: Zunächst als Amateur, dann in 'offizieller' Mission für verschiedene Printmedien und schließlich, in den vergangenen Jahren, als Pensionist, dem einfach etwas abgeht, wenn er nicht jedes Jahr Ende Juli dem reichen Mann beim Sterben zusehen kann.

Die Salzburger Festspielhäuser:

84: An der Fassade des Großen Festspielhauses steht: „Dieses Haus, den Musen geweiht, steht offen allen Liebhabern der Musik. Möge die Kraft der göttlichen Melodien uns erbauen und begeistern".

85: Festspielauffahrt: Mehr als 5.000 Zuschauer fassen die drei Festspielhäuser, da ist der Stau vorprogrammiert.

86/87: Beeindruckende Bühnenbilder in der Felsenreitschule.

88: Der Karl-Böhm-Saal: Pausenfoyer mit prächtigem Deckenfresko (gemalt 1690 von Johann Michael Rottmayr und Christoph Lederwasch).

89: Blick in das im Jahr 1960 eröffnete Große Festspielhaus.

Salzburg und der „Jedermann":

90/91: Den „Jedermann" verkörpern stets die besten Schauspieler des deutschsprachigen Raumes, zwei davon kamen zu „James Bond"-Ehren: Curd Jürgens („Jedermann" von 1973 bis 1978, links) und Klaus Maria Brandauer (1983–1989, rechts).

92/93: Was nun „Jedermann"? Oscar-Preisträger Maximilian Schell (1978–1982) und Gert Voss (1995–1998).

94/95: „Jedermann", „Buhlschaft" (Kurtisane) und Tod: Peter Simonischek (2002 bis heute), Veronica Ferres, Jens Harzer (links); Helmut Lohner (1990–1994), Sunnyi Melles, Erich Schellow (rechts).

KAPITEL 4:

SALZBURGER FESTSPIELE

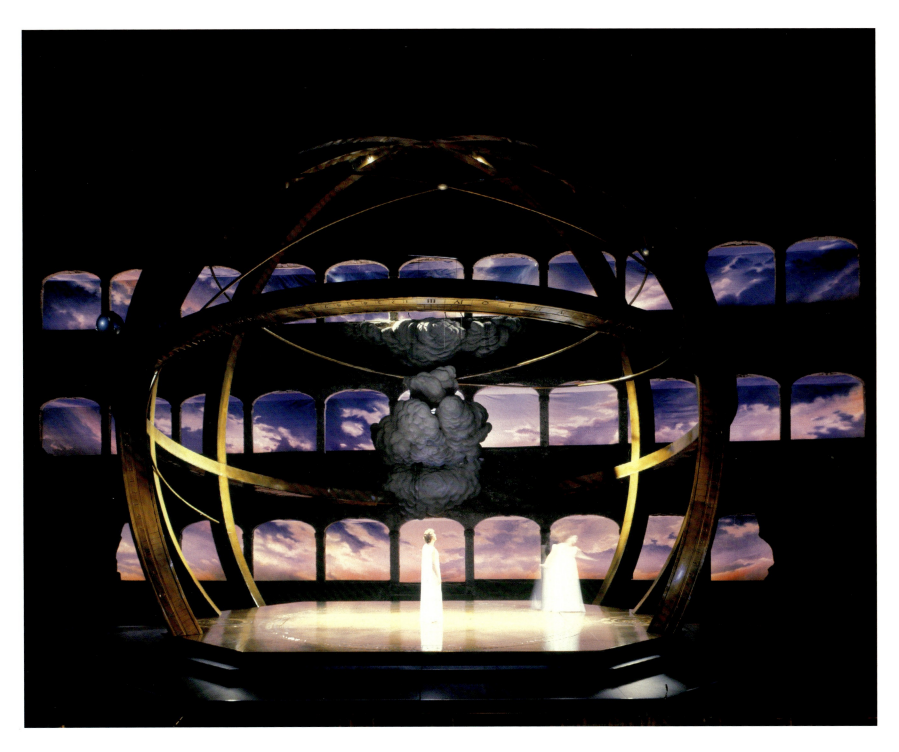

Im Archiv Oskar Anrathers gibt es eine Abteilung mit dem Titel „Schnappschüsse". So wie manche Menschen nie ohne Regenschirm außer Haus gehen, hat Oskar Anrather stets einen seiner Fotoapparate dabei. Schließlich möchte er bereit sein, wenn sich ein Moment ergeben sollte, der es wert ist eingefangen zu werden. Diese spontanen Porträts sind ein Highlight im fotografischen Schaffen Oskar Anrathers, auch wenn sie meistens als 'Nebenprodukt' zu seiner eigentlichen Arbeit entstehen. Oft führt der Zufall Regie, aber es braucht auch einen guten Beobachter, der diese lustigen Alltagssituationen erkennt und im richtigen Augenblick auf den Auslöser drückt.

98: Rauchfangkehrer nach verrichteter Arbeit auf der Festung Hohensalzburg.
99: Und wohin jetzt? Drei offensichtlich uneinige Damen suchen den richtigen Weg.

KAPITEL 5:

STADTMENSCHEN

Der Grünmarkt auf dem Universitätsplatz:

Diese Seite: Frische Ware, persönlicher Service und stets ein Lächeln auf den Lippen: Die Marktfahrer.

101: Am Besten kann man das Treiben auf dem Grünmarkt aus dem Gastgarten der Hagenauer Stube beobachten.

102 und 103: Der Handel mit Eiern „en gros et en détail".

104 und 105: Jugendliche beim Sonnenbaden auf dem Residenzplatz (links) und am Salzachufer (rechts).

106: Seit 25 Jahren eine Institution in der Getreidegasse: Die Schmuckhändlerin Jeanette Vargas.

107: Kunst mit Kreide auf Asphalt fasziniert jung und alt.

Traditionsgeschäfte und ihre (ehemaligen) Eigentümer:

Rechts: Der Fotohändler Alois Winkler in der Griesgasse.

Unten: Neben dem Fotogeschäft betrieb Johanna Bartak († 2005) den Teeimport Sabatin.

Unten rechts: Peter Grubenthal, ehemaliger Eigentümer der Buchhandlung Mora am Residenzplatz.

Seite 109: Die „Modistin" Martha Scheiblberger am Kranzlmarkt († 1993).

Seiten 110 und 111: Den Schalk im Nacken hatte Oskar Anrather bei diesen beiden Selbstporträts, die den Fotografen auf dem Mönchsberg beim Bürgermeisterloch (links) und am Papagenoplatz (rechts) zeigen.

OSKAR ANRATHER

Geboren 1932 in Meran/Südtirol, lebt seit 1939 in Salzburg. Zunächst als Autodidakt, betreibt er ab Mitte der 60er Jahre die Fotografie professionell und arbeitet dabei unter anderem für die Universität Salzburg, das Salzburger Landestheater und diverse Tageszeitungen. Auszeichnung „Meister der Leica" 1967.

BERNHARD HELMINGER

Geboren 1972 in Salzburg, studiert nach der Matura Kommunikationswissenschaft. Nach Tätigkeit als Redakteur im ORF Landesstudio Salzburg steigt er 1997 in den Verlag seines Vaters ein, den er 1999 übernimmt. Herausgeber und Autor zahlreicher Bücher mit Salzburg-spezifischen und überregionalen Themen.